LA VIE EST UN SONGE,

COMEDIE-HEROÏQUE.

De Monsieur DE BOISSY.

Représentée par les Comédiens Italiens, au mois de Novembre 1732.

NOUVELLE EDITION, REVUE ET CORRIGE'E.

Le prix est de vingt-quatre sols.

A PARIS,
Chez PRAULT pere, Quay de Gêvres, au Paradis.

M. DCC. XL.

Avec Approbation & Privilege du Roy.

APPROBATION.

J'Ai lû par ordre de Monseigneut Garde des Sceaux, une Comedie Héroïque, qui a pour titre, *la Vie est un Songe*; & j'ai crû qu'on en pouvoit permettre l'impression. A Paris, le 18. Novembre 1732. MAUNOIR.

PRIVILEGE DU ROI.

LOUIS, par la Grace de Dieu, Roy de France & de Navarre: A nos amés & féaux Conseillers, les Gens tenans nos Cours de Parlement, Maîtres des Requêtes ordinaires de notre Hôtel, Grand Conseil, Prevôt de Paris, Baillifs, Sénéchaux, leurs Lieutenans Civils & autres nos Justiciers qu'il appartiendra; SALUT. Notre bien amé PIERRE PRAULT pere, Libraire & Imprimeur de nos Fermes & Droits, à Paris, Nous ayant fait remontrer qu'il souhaiteroit faire imprimer ou imprimer, & donner au Public, *Nouveau Recueil de Piéces du Théatre Italien; le Diable boiteux; Histoire d'Osman, Premier du nom; la Vérité triomphante de l'Erreur*, s'il Nous plaisoit lui accorder nos Lettres de Privilege sur ce necessaires, offant pour ce t effet de les imprimer ou faire imprimer en bon papier & beaux caracteres, suivant la feüille imprimée & attachée pour modele sous le contrescel des Présentes. A CES CAUSES, voulant favorablement traiter ledit Exposant, Nous lui avons permis & permettons par ces Présentes d'imprimer ou faire imprimer lesdits Livres ci-dessus specifié, en un ou plusieurs volumes, conjointement ou séparément, & autant de fois que bon lui semblera, & de les vendre, faire vendre & debiter par tout notre Royaume, pendant le tems de *neuf* années consecutives, à compter du jour de la date desdites Présentes. Faisons défenses à toutes sortes de personnes de quelque qualité & condition qu'elles soient, d'en introduire d'impression étrangere dans aucun lieu de notre obéïssance: comme aussi à tous Imprimeurs Libraires, & autres, d'imprimer, faire imprimer, vendre, debiter ni contrefaire lesdits Livres ci-dessus exposés, en tout ni en partie, ni d'en faire aucuns extraits, sous quelque prétexte que ce soit, d'augmentation, correction, changement de titre, ou autrement, sans la permission expresse & par écrit dudit Exposant, ou de ceux qui auront droit de lui, à peine de confiscation des Exemplaires contrefaits, de Six mille livres d'amende contre chacun des contrevenans, dont un tiers à Nous, un tiers à l'Hôtel-Dieu de Paris, l'autre tiers audit Exposant, & de tous dépens, dommages & interêts : A la charge que ces Présentes seront enregistrées tout au long sur le Registre de la Communauté des Libraires & Imprimeurs de Paris, dans trois mois de la date d'icelles ; que l'impression desdits Livres sera faite dans notre Royaume & non ailleurs, & que l'Impetrant se conformera en tout aux Reglemens de la Librairie, & notamment à celui du 10. Avril 1725. & qu'avant que de les exposer en vente, le Manuscrit ou Imprimé qui aura servi de Copie à l'Impression desdits Livres, sera remis dans le même état où les Approbations y auront été données, ès mains de notre très-cher & féal Chevalier Chancelier de France, le Sieur Daguesseau, Commandeur de nos Ordres, & qu'il en sera ensuite remis deux Exemplaires de chacun dans notre Bibliotheque publique, un dans celle de notre Château du Louvre & un dans celle de notre très-cher & féal Chevalier le Sieur Daguesseau, Chancelier de France, Commandeur de nos Ordres, le tout à peine de nullité des Présentes : Du contenu desquelles vous mandons & enjoignons de faire joüir l'Exposant ou ses ayans cause, pleinement & paisiblement, sans souffrir qu'il leur soit fait aucun trouble ou empêchement. Voulons que la Copie desdites Presentes, qui sera imprimée tout au long au commencement ou à la fin desdits Livres, soit tenuë pour dûëment signifiée, & qu'aux Copies collationnées par l'un de nos amés & féaux Conseillers & Secretaires, foi soit ajoûtée comme à l'Original: Commandons au premier notre Huissier ou Sergent, de faire pour l'execution d'icelles tous Actes requis & necessaires, sans demander autre permission, & nonobstant Clameur de Haro, Chartre Normande & Lettres à ce contraires. CAR tel est notre plaisir. Donné à Versailles le vingtiéme jour de Decembre, l'an de Grace mil sept cens trente-sept ; & de notre Regne le vingt-troisiéme. Par le Roy en son Conseil. *Signé*, SAINSON.

Registré sur le Registre VIII. de le Chambre Royale des Libraires & Imprimeurs de Paris, N° 443, *Fol.* 427. *conformément aux anciens Reglemens, confirmés par celui du* 10 *Fevrier* 1723. *A Paris le* 28. *Novembre* 1732. Signé, G. MARTIN, Syndic.

LA VIE
EST UN SONGE,
COMEDIE HEROIQUE.

ACTEURS.

BASILE, Roi de Pologne.

SIGISMOND, Fils de Basile.

FEDERIC, Grand Duc de Moscovie, & Neveu du Roi.

SOPHRONIE, Princesse, & Niéce du Roi

CLOTALDE, Gouverneur de Sigismond.

ULRIC, Grand de la Cour.

RODERIC, Chef des Conjurés.

ARLEQUIN, Bouffon de la Cour.

PLUSIEURS OFFICIERS.

GARDES.

SOLDATS.

La Scene est en Pologne.

LA VIE EST UN SONGE,

COMEDIE HEROIQUE.

ACTE PREMIER.

SCENE PREMIERE.

LE ROY, ULRIC.

ULRIC.

E Rochers escarpés, quelle chaîne effroyable
Sert de ramparts à cette affreuse Tour?
Elle paroît impénétrable

A la clarté du jour.

O Ciel! qui peut guider mon Roi dans ce séjour?

LE ROY.

Le remords qui l'accable.

ULRIC.

Un Prince tel que vous, Pere de ses Sujets,
Du remords accablant peut-il sentir les traits?

LE ROY.

Je ne les sens que trop, mais je suis pardonnable,
L'amour que j'ai pour eux m'a seul rendu coupable.

ULRIC.

Seigneur, que dites-vous?

LE ROY.

Il tems est que mon cœur
Te dévoile un secret à l'Etat nécessaire,
Dont un seul homme est le dépositaire,
Et qui va te remplir de surprise & d'horreur.
Cette Tour que tu vois, cette prison si noire
Dont l'aspect seul épouvante les yeux:
Ces lieux (puis je le dire, & pourras-tu le croire?)
Renferment dans leurs murs mon fils unique.

ULRIC.

O Dieux!

LE ROY.

Pour t'éclaircir cet horrible mistere,

Apprens qu'autrefois, à mes vœux,
Un fils fut accordé par le Ciel en colere.
Avant de mettre au jour ce Prince malheureux,
Mon épouse, en dormant, crut voir un monstre affreux,
Qui, déchirant son sein, terminoit sa carriere.
Ce songe fut trop vrai! Fatal present des Cieux.
Sigismond, en naissant, fit expirer sa mere.
Par moi sur ses destins le Ciel fut consulté,
Et combla les frayeurs dont j'étois agité:
Il me dit que ce Prince impie & sanguinaire
Regneroit sur son peuple en Tiran furieux;
Il me dit qu'à ses pieds il fouleroit son pere,
Et qu'il blasphemeroit les Dieux.
Dans cette affreuse conjoncture,
Le cœur rempli d'un juste effroi;
Mais plus épouvanté pour l'Etat que pour moi,
Au bien de mes Sujets j'immolai la nature,
Et je devins cruel par générosité:
Craignant pour eux ce fils & sa férocité,
Je le fis enfermer dans cette Tour obscure,
Pour y vivre & mourir sans connoître son sort:
J'eûs soin en même tems de publier sa mort.
Clotalde seul instruit, sous une garde sûre,
Fut chargé d'élever Sigismond dans ces lieux,
Non comme un Maître légitime,

Mais comme un monſtre furieux
Qu'il falloit enchaîner pour le ſauver du crime.

ULRIC.

Le ſupplice m'étonne autant que la victime.

LE ROY.

Je crus, par-là, du Ciel détourner la fureur,
Aſſurer mon repos & celui de l'Empire :
Vaines précautions ! Le remords dans mon cœur
Punit à chaque inſtant l'excès de ma rigueur.
Je ſens ſur tout, je ſens qu'il me déchire.
Dans ce jour où l'Etat ſoupire
Après le choix d'un Succeſſeur
Que les ans me preſſent d'élire.
Contre moi la raiſon elle-même conſpire,
Me dit que j'ai trop crû les Aſtres incertains ;
Que je dois révoquer des ordres inhumains,
Qui me privans d'un fils, ôtent à la Province,
Contre toute équité, ſon véritable Prince ;
Qu'avant de condamner l'eſpoir de ma Maiſon
A l'horreur éternelle
D'une rigoureuſe priſon,
Je conſulte du moins l'amitié paternelle,
Et tente s'il n'eſt point, en cette extrêmité,
Quelque moyen plus doux pour dompter ſa fierté,
Et pour faire mentir ſon étoile cruelle.

ULRIC.

Ah Segneur! pour ce fils profcrit contre les Loix
D'un trop juſte remords daignez oüir la voix.

LE ROY.

Ami, dans ce deſert c'eſt lui ſeul qui m'amene.
J'y prétens voir mon fils ſans en être apperçu,
Juger des ſentimens dont il eſt combattu,
Et décider par eux ſi je romprai ſa chaîne.
Dans ce jour favorable, heureux ſi la vertu
Pouvoit combattre en lui l'aſcendant qui l'entraîne,
Et pouvoit le rendre après moi
Digne de gouverner, & d'être votre Roi!
Clotalde qui m'attend, & que j'ai fait inſtruire,
Doit bientôt.... Je le vois qui vient pour nous conduire.

SCENE II.

LE ROY, ULRIC, CLOTALDE.

CLOTALDE.

Sigiſmond va, Seigneur, paroître dans ces lieux,
Souffrez, pour l'écouter, qu'on vous cache à ſes yeux.

LE ROY.

Je brûle en même tems, & je crains de l'entendre.
Prépare-toi, mon cœur, à l'assaut le plus tendre.
(Il suit Clotalde qui le conduit avec Ulric.)

SCENE III.

ARLEQUIN *seul.*

VOyons un peu ce qui se fait ici.
Mes semblables par tout entrent sans conséquence,
Et Bouffon de la Cour, j'use de ma licence.
Le Roi, d'un de ses Grands suivi,
Et guidé par Clotalde en cet antre effroyable,
Vient maintenant d'entrer à petit bruit.
Je voudrois bien sçavoir quel sujet l'y conduit?
C'est le domicile du Diable.
Tout ici me paroît propre à l'y conjurer.
Le Roi peut-être est venu l'implorer,
Pour se le rendre favorable.
Des chaînes & des clefs quel bruit épouvantable!
La porte s'ouvre : Ah! ce sont les Enfers!
Tous mes sens sont saisis d'une frayeur extrême.
Quel phantôme s'avance! il est chargé de fers,

Et ſes regards font peur : c'eſt le Diable lui-même;
Je ſuis perdu.

SCENE IV.

SIGISMOND *enchaîné*, ARLEQUIN.

SIGISMOND.

PArle, n'es-tu point las,
O Ciel ! injuſte Ciel, de m'accabler de chaînes ?

ARLEQUIN.

Il menace le Ciel ; c'eſt lui, n'en doutons pas.
Le Diable m'attendrit, & j'entre dans ſes peines.

SIGISMOND.

Sans avoir vû le jour, depuis vingt ans je vis :
Renfermé dès l'enfance en un cachot horrible,
J'ignore mon forfait, & ne ſçais qui je ſuis.
Je ne vois qu'un ſeul homme, un tyran inflexible,
Inſtrument & témoins des maux dont je gémis.
Il ne m'éclaircit point mon infortune extrême ;
Il me parle ſouvent de la Terre & des Cieux
Il m'apprend à connoître, à reſpecter les Dieux.
Mais il me vante en vain leur Juſtice ſuprême,
Le ſort que je ſubis, ſans l'avoir mérité,

Dément cette Juſtice & détruit leur bonté.
Qu'ai-je commis contr'eux pour ſubir l'eſclavage,
Et pour me voir ainſi durement enchaîné?
Me font-ils expier le crime d'être né ?
Si c'eſt-là le forfait dont me punit leur rage ;
Avec tout ce qui vit, Sigiſmond le partage.
J'ai pour complice l'Univers ;
Cependant ici bas juſqu'au poiſſon qui nage,
Juſqu'à l'oiſeau qui fend les airs,
Tout eſt né libre, & je porte des fers,
Moi, qui par ma raiſon, par mon noble courage,
Sens que je ſuis leur plus parfait ouvrage.
Si tu veux à mes yeux prouver ton équité,
O Ciel ! unique auteur des tourmens que j'endure,
Fais partager mes fers à toute la nature,
Ou donne-moi la liberté
Dont joüit en naiſſant ta moindre créature.

ARLEQUIN.

Vraiment il raiſonne aſſez bien.
Si j'oſois, avec lui j'aurois un entretien.

SIGISMOND.

Dans ces demeures ſoûterraines,
Que ne puis je goûter la funeſte douceur
D'avoir un compagnon de mes cruelles peines !

Pour ſoulager l'excès de ma douleur,
Il porteroit du moins la moitié de mes chaînes.

ARLEQUIN.

Le diſcours que j'entends me remplit de frayeur.
Ah ! s'il alloit me ſaiſir, miſerable !
Mais Clotalde revient. Cachons-nous dans ce coin,
Pour ſçavoir s'il n'a pas commerce avec le Diable.
De tout, ſans être vû, je ſerai le témoin.

(*Il ſe retire dans un coin.*)

SCENE V.

SIGISMOND, CLOTALDE, ARLEQUIN *caché.*

SIGISMOND.

MEs maux ſont éternels comme ma ſolitude
Et mon eſprit éclairé par l'étude
Ne ſert qu'à les approfondir,
Et qu'à me faire mieux ſentir
Les horreurs de ma ſervitude.
Mais je vois devant moi le tyran de mes jours.
Dis-moi, de mes tourmens quand finira le cours?
Quand pourrai-je un inſtant joüir de la lumiere :

Ou de ta bouche au moins apprendre qui je ſuis?
Dévoile moi....

CLOTALDE.

Je ne le puis.
Soumettez-vous.

SIGISMOND.

Voilà ton langage ordinaire,
Et je ne vois jamais mes doutes éclaircis.
Cependant, ſi j'en crois les Livres que je lis,
Inſtruire eſt le devoir d'un Maître.

CLOTALDE.

Les Dieux n'approuvent point la curioſité
Que vous faites paroître.

SIGISMOND.

Clotalde je ſuis homme. En cette qualité
Je mérite de me connoître.

CLOTALDE.

Ah, vous ne l'êtes plus par votre cruauté.

SIGISMOND.

Tes affreux traitemens font ma ferocité,
Et ſi je ſuis cruel tu m'enſeignes à l'être.
Sur les parens qui m'ont fait naître,
Une éternelle obſcurité,
Des fers, une priſon ſauvage
Sans nul eſpoir de liberté;
Nul relâche à mes maux qu'accroît ta dureté,

Barbare; voilà mon partage
Et tes leçons d'humanité.

CLOTALDE.

J'exécute l'arrêt que le Ciel a dicté,
Pour mettre un frein à votre violence,
Dont il est revolté;
C'est elle, c'est votre arrogance
Qui vous a fait proscrire avant votre naissance.
Dépouillez donc tant de fierté.
Vous ne sçauriez desarmer sa vengeance
Que par l'humilité,
Par la douceur & par l'obéissance.

SIGISMOND.

Ce discours me révolte: Est-ce par la rigueur
Que l'on prétend m'inspirer la douceur?
Tes châtimens cruels, ta conduite severe
Ne font qu'augmenter ma fureur,
Et dans les mouvemens qui saisissent mon coeur....

CLOTALDE.

Aux transports de votre colere,
Ces murs vont servir de barriere.
Ils sçauront vous humilier.

SIGISMOND.

Tu peux trancher mes jours, non me faire plier;
Et je brave....

CLOTALDE.

Qu'on le ſaiſiſſe,
Et qu'on l'enſerme ſans tarder.

SIGISMOND.

Dieux ! qu'à la force il eſt dur de ceder,
Et que la dépendance eſt un cruel ſupplice
Pour un cœur qui ſe ſent digne de commander !
(On l'entraîne, & la porte de la Tour ſe referme.)

SCENE VI.

LE ROY, ULRIC, CLOTALDE, ARLEQUIN *caché.*

LE ROY *Sortant du lieu où il étoit caché.*

Quel ſpectacle touchant pour les regards d'un pere !
Dieux ! qu'il accroît le remords de mon cœur !
Que l'état de mon fils m'a fait ſentir d'horreur ;
Et que l'aſpect de ſa miſere
M'a bien puni de ma rigueur !
Aſtres cruels, que je devois moins croire,
Ah ! j'ai pris trop de ſoin de vous juſtifier !
Si ſes emportemens ſemblent verifier,
Votre prédiction ſi terrible & ſi noire,

Vous n'en devez toute la gloire
Qu'aux barbares moyens que j'ai fait employer.
Mon fils étoit né bon, vertueux, débonnaire,
Ma cruauté pour lui, mes ordres rigoureux
Ont aigri ſon orgueil, allumé ſa colere.
J'ai moi ſeul, malheureux!
Fait un tiran d'un Prince généreux.
Que dis-je? Les tranſports que ſon cœur fait paroître
Partent d'une noble fierté,
Digne du ſang qui l'a fait naître.
J'ai vû même au travers de ſa ferocité,
Briller des traits de généroſité;
Qui pour mon fils, me l'ont fait reconnoître.

CLOTALDE.

Seigneur, de ce retour Clotalde eſt enchanté.
Contre un fils malheureux, victime de mon zele,
A regret j'ai ſervi votre ſeverité.
En vous obéiſſant dans ma charge cruelle,
J'ai ſoupiré cent fois de ma fidelité.
Grand Roi, pour prix de mon obéiſſance
Accordez moi ſa liberté;
Je ſerai trop payé par cette récompenſe
Qu'à vos genoux, j'oſe vous demander.
Rendez à vos ſujets leur Prince legitime,
Et recouvrez un fils né pour vous ſucceder,

Qu'il passe de l'horreur de cet affreux abîme,
Au Thrône qu'il doit posseder :
Cessez de redouter la fureur qui l'anime :
Dès qu'il reconnoîtra la spendeur de son sang,
Il sera magnanime,
Et sçaura se montrer digne de ce haut rang.
Ne resistez donc plus à l'ardeur qui m'entraîne,
Et laissez-vous fléchir.
Faites que ce bras qui l'enchaîne
Ait le bonheur de l'affranchir,
Dût-il aujourd'hui m'en punir,
Dût il dans cette Tour affreuse
Me rendre tous les maux, dont ma main rigoureuse
L'a, malgré moi, fait si long tems gémir;
Il me sera plus agréable
De vivre dans les fers, accablé de rigueurs,
Et de faire regner mon Maître véritable,
Que d'être l'instrument de son sort déplorable,
Et de me voir comblé de toutes vos faveurs.

ULRIC.

Seigneur, c'est tout l'Etat qui par sa voix s'explique.
En cette dure extrêmité;
La nature, les loix, la raison, l'équité,
Même la politique;
Tout vous parle en faveur d'un Successeur unique.

Comme

Comme lui, devant vous, je me prosterne ici.

ARLEQUIN *sortant de son coin.*

Seigneur, je viens m'y prosterner aussi.
Ayez pitié d'un fils que j'ai pris pour le Diable,
Tant vous l'avez réduit en un sort pitoyable.
Par les pleurs qu'à vos pieds vous me voyez verser...

LE ROY.

Levez-vous, votre Roi voudroit vous exaucer;
Mais puis-je, tel quil est, me déclarer son pere,
Et pour le couronner,
Ce Prince est-il, hélas! en état de regner?
Donnerai-je un tiran à la Pologne entiere?
Non, quels que soient les cris de mes remords pressans,
Je ne dois écouter que mon amour pour elle;
Il étouffe en mon cœur l'amitié paternelle,
Et mes Sujets sont mes premiers enfans.

CLOTALDE.

Ah! si vous consultez le bien de la Patrie,
Vous remettrez le Sceptre aux mains de votre fils.
Le Prince Federic, grand Duc de Moscovie;
Et la Princesse Sophronie,
De votre sang également sortis,
Divisent tout l'Etat en proye à deux partis,
Il aime en vain cette Princesse,

Et voudroit par l'hymen voir leurs droits réünis.
On sçait qu'elle a toujours rejetté sa tendresse ;
L'hymenée est un joug qui blesse sa fierté,
Et comme son courage égale sa beauté,
Elle veut regner seule, & n'avoir point de maître.
Je doute, quand son cœur pourroit y consentir,
Que l'on voulût d'ailleurs le reconnoître.
Par un Prince étranger s'il se voyoit régir,
L'Etat de la Pologne auroit trop à rougir.
C'est allumer les feux d'une guerre civile ;
C'est trahir votre fils pour troubler vos Sujets.
Lui seul, Seigneur, lui seul peut assurer la paix.
Sigismond reconnu va rendre tout tranquille.
Ce nom seul vous répond du cœur des Polonois;
Il n'appartient qu'au fils du grand Basile
De réünir toutes les voix.

LE ROY.

Grands Dieux ! que dois je faire en cette conjoncture ?
Daignez, pour terminer mon funeste embarras,
M'inspirer le moyen d'accorder la nature
Avec le bien de mes Etats.
Faites que je sois Roi sans cesser d'être pere ;
Que la prudence en moi guide le sentiment...
Ils exaucent mes vœux ; je sens dans ce moment,
Qu'ils viennent m'éclairer par un trait de lumiere,
Pour éprouver mon fils & lui faire essayer

Le Sceptre paternel, sans exposer l'Empire,
Clotalde, apprens ce que le Ciel m'inspire,
Et que ton art doit employer.
Par la vertu d'un breuvage propice,
Il faut dans un sommeil profond
Ensevelir le Prince Sigismond.
Et, profitant de l'artifice,
Tandis qu'il goûtera les douceurs du repos,
Il faut briser les fers qu'il porte en ces cachots:
L'orner de tout l'éclat de la magnificence,
Et, l'arrachant du fond de cet affreux séjour,
Le transporter au milieu de ma Cour,
A qui de tout j'aurai fait confidence;
Ensuite, à son réveil, je veux que, sans détour,
Tu lui découvres sa naissance,
Et que mes courtisans lui rendent, tour à tour,
Tous les honneurs qu'on rend à ma puissance:
Je verrai dans ce jour,
Par cet innocent stratagême,
Comment il usera de la grandeur suprême;
Je verrai si je dois n'écouter que l'amour,
Et lui laisser le Diadême:
Sa conduite sera son arrêt elle-même.
Puissent les Dieux dans cet heureux sommeil,
Changer son cœur trop sanguinaire,
Et lui donner d'un Roi l'auguste caractere!

Puisse ce Prince, à son réveil,
Se trouver les vertus que demande l'Empire,
Et paroître à mes yeux tel que je le desire!
Il est tems de me rendre au Conseil qui m'attend.

(à Clotalde.)

Du sort de Sigismond ton maître va l'instruire.
Toi, cours exécuter ce qu'il t'a sçû prescrire.

CLOTALDE.

J'y vole.

ARLEQUIN *sautant au col du Roi.*

Papa Roi, pour ce trait éclatant,
Souffrez qu'Arlequin vous embrasse,
Et qu'il courre annoncer le Prince à vos Etats.
Je le sçavois bien, moi, que j'obtiendrois sa grace;
Et que contre mes pleurs le Roi ne tiendroit pas.

ACTE II.

Le Théatre représente la Chambre du Roi. Sigismond paroît endormi sur un Trône, & richement vêtu, plusieurs Officiers sont prêts à le servir.

SCENE PREMIERE.

SIGISMOND *endormi*, ULRIC, ARLEQUIN, PLUSIEURS OFFICIERS.

SIGISMOND *en s'éveillant.*

OU suis je? justes Dieux! Est-ce un songe agréable?
Est-ce l'effet d'un doux enchantement,
Qui transforme, en un lieu charmant,
Une prison épouvantable,
Et qui change mes fers, & l'habit misérable
Qui m'a couvert jusques à ce moment,
En un superbe vêtement?
Chaque objet m'arrête & m'étonne!
Jusqu'à l'Astre brillant qui répand la clarté,
Tout, à mes yeux est une nouveauté.
Mais, quelle attention attire ma personne?

Quelle nombreuse Cour paroît au tour de moi!
Quel zéle! Quel respect! Quel éclat m'environne!
Tout m'annonce que je suis Roi,
Au sein de mon bonheur suprême,
Ce dont je suis le plus flatté,
Je sens que je suis libre, & maître de moi-même.
Rien ne contraint ma volonté.
Le doute seul dont je suis agité,
Altere un bien si délectable.
O Ciel! jusques au bout montre-toi favorable;
Et pour mettre le comble à ma félicité,
Prouves-moi que je veille en cet instant aimable,
Et que mon Regne est une vérité.

(en considérant l'épée qu'on lui présente.)

Quel est cet ornement dont ma vûë est frappée,
Et dont j'aime sur tout l'éclat?

ULRIC.

Prince illustre, c'est votre épée,
C'est le soutien de votre Etat,
Et le foudre vengeur qu'en votre main terrible
Les Immortels ont mis,
Pour vous rendre un Prince invincible,
Et pour punir vos ennemis.

SIGISMOND.

Puisque ce fer brillant rend un Roi formidable,
Puisque par lui je dois vaincre & punir,

De vos présens, grands Dieux! c'est le plus agréable:
Mon bras déja brûle de s'en servir.

ULRIC, *lui mettant l'épée à son côté.*

C'est ainsi qu'on la porte, Sire.

ARLEQUIN *poussant une botte.*

Et c'est ainsi qu'on la tire.

SCENE II.

Les Acteurs précédens, CLOTALDE.

CLOTALDE.

SEigneur, je viens en vous, reconnoître mon Roi.

SIGISMOND.

Est-ce Clotalde que je voi?
Pour m'insulter, vient-il me rendre hommage,
Lui qui m'a fait gémir dans un dur esclavage?
Comment, & de quel front paroît-il devant moi?

CLOTALDE.

Seigneur, pour chasser le nuage
Qui, sur vos sens surpris, répand l'obscurité,
Je vais, sans tarder davantage,
Faire à vos yeux briller la vérité:
Les honneurs qu'on vous rend, ce Palais magnifique,

Ne ſont point les effets d'un ſonge chimérique ;
Ce ſpectacle nouveau, qui vous tient enchanté,
Eſt pour vous un bonheur plein de réalité.
Pendant votre ſommeil, de votre antre ruſtique,
A la Cour de Pologne on vous a tranſporté ;
Du Roi Baſile enfin vous êtes fils unique,
Lui même à ſon Conſeil l'a déja declaré :
On porte juſqu'au Cieux votre nom révéré,
Et vous faites, Seigneur, l'allégreſſe publique.

SIGISMOND.

Pourquoi m'avoir caché le ſang dont je ſuis né ?
Si ton diſcours eſt véritable,
Pourquoi traiter ton Prince infortuné
Comme un eſclave miſérable ?

CLOTALDE.

Pour obéir, Seigneur, aux céleſtes décrets,
Et détourner de vous les noirs effets
Des Aſtres irrités que craignoit votre Pere,
Et qui vous menaçoient d'être un Roi ſanguinaire.

SIGISMOND.

Ah, traître ! ſont-ce là d'aſſez fortes raiſons,
Pour condamner un fils, un Prince légitime,
A la plus dure des priſons ?
Et toi, premier objet du courroux qui m'anime,
Toi qui fus l'inſtrument d'un ſupplice inoüi,
Comment à ce Monarque as-tu donc obéi ?

Comment, auprès de moi justifier ton crime ?
Malheureux ! tu devois du moins
A mes regards dévoiler ma naissance,
Je n'aurois pas trahi ta confidence,
Je n'avois dans mes fers que tes yeux pour témoins,
J'en aurois moins gémi, flaté par l'esperance,
Et mon cœur, dans ce jour, eût reconnu tes soins.

CLOTALDE.

Seigneur, j'avois juré de garder le silence,
On m'auroit vû souffrir la mort avec constance
Plûtôt que de le rompre.

SIGISMOND.

Ah ! tu la souffriras,
Pour avoir trop gardé ce silence funeste ;
Ministre affreux que je déteste,
Je veux par ma vengeance effrayer ces Etats.

CLOTALDE.

Seigneur, que votre ame reprime....

SIGISMOND.

Tu m'oses repliquer, perfide, tu mourras ;
Tu seras dans ce jour la premiere victime
Et le premier tiran qu'immolera mon bras.

ULRIC *l'arrêtant.*

Par un meurtre, Seigneur, ne vous noircissez pas.

CLOTALDE *en sortant.*

Malheureux ! il se perd ; & sa fureur extrême
Me fait trembler pour lui bien plus que pour moi-même.

SCENE III.

SIGISMOND, ULRIC, ARLEQUIN.

SIGISMOND *à Ulric qui veut le retenir.*

Sujet audacieux, quoi ! tu retiens mes pas ?

ULRIC.

Seigneur, souffrez que je vous fasse entendre... .

SIGISMOND.

Arrête, ton discours ne peut que m'offenser.
Si tu dis un seul mot....

ULRIC.

Je ne puis me défendre....

SIGISMOND.

Puisqu'il répond, sans balancer
Du haut de ce balcon précipites le traître.

ARLEQUIN.

C'est pour lui faire peur, je ne sçaurois penser....

SIGISMOND.

Si tu ne m'obéis, toi-même tu vas être....

ARLEQUIN *saisissant Ulric.*

Pardon c'est à regret, mais il commande en maître;
Et je ne puis me dispenser
De vous jetter par la fenêtre.
Je suis novice en cet emploi.

SCENE IV.

LES ACTEURS PRECEDENS, LE ROY.

LE ROY.

De tels emportemens sont indignes d'un Roi,
Calmez un transport condamnable.

SIGISMOND.

Qu'entens-je ?

LE ROY.

Vous devez m'écouter & songer
Qu'un Prince qui s'oublie au point de se plonger
Dans le sang d'un sujet, fût il même coupable,
Deshonore son bras au lieu de se venger.

SIGISMOND.

Je me sens arrêter par son air respectable....
Qui donc es-tu, réponds, ô vieillard venerable,
De qui l'aspect aussi noble que doux,
A le pouvoir d'enchaîner mon courroux?
Dans mon cœur étonné ta presence fait naître

Des mouvemens ſecrets qu'il ne peut démêler,
Qui font que j'aime à te parler,
Que je brûle de te connoître.

LE ROY *à part.*

Ah! de ma joye à peine ſuis-je maître!
Le ſang lui parle en ma faveur.

(Haut.)

Quoi, Prince, j'aurois le bonheur
De triompher par ma preſence
Des ſentimens de haine & de vengeance....

SIGISMOND.

Oui tu les ſuſpens dans mon cœur.
Sur moi quelle eſt donc ta puiſſance?
Tes ſeuls regards domptant ma violence,
Me forcent d'approuver juſqu'à la liberté
Que tu prends de combatre ici ma volonté.
Satisfais mon impatience,
Quel es-tu? Parles, explique-toi?
Va, quels que ſoient ton rang & ta naiſſance,
Sois ſûr des faveurs de ton Roi,
Je ſens que je ne puis t'approcher trop de moi.

LE ROY *à part.*

O! Pere trop heureux?

(Haut.)

Je me flatte, j'eſpere
Quand je ſerai connu de vous,

De redoubler encor des ſentimens ſi doux.

SIGISMOND.

Qui peut les augmenter? Je t'aime, te revere.

LE ROY.

Nature! ç'en eſt trop, je cede à ton effort.
Je ſuis....

SIGISMOND.

Eh bien, acheve, inſtruis-moi de ton ſort.

LE ROY.

Embraſſe-moi, mon fils, & reconnois ton Pere.

SIGISMOND.

Mon Pere! ah Dieu! l'auteur de mes tourmens?
Ce nom ralume ma colere.

LE ROY.

Quoi! le titre ſacré de Pere, en ces momens
N'excite en toi que des fremiſſemens?
Quand mon ame ſe livre entiere,
Aux prompts & tendres mouvemens
Qu'inſpire pour un fils la nature ſincere,
La tienne ſe refuſe à mes embraſſemens?

SIGISMOND.

La voix du ſang chez moi ne s'eſt point tûë.
Tu viens de voir à ta premiere vûë;
Avec combien d'ardeur, prompt à ſe dévoiler,
Pour toi ce ſang vient de parler
Dans le fond de mon ame émûë.

Si pour ton fils, quand tu l'as mis au jour.
Barbare, il t'eût parlé de même,
Tu ne reduirois pas aujourd'hui cet amour,
A ſe changer en une haine extrême?

LE ROY.

Ma tendreſſe preſente auroit dû triompher.
Cette haine eſt un monſtre & tu dois l'étouffer.
Reprens l'amour d'un fils pour un Pere qui t'aime.

SIGISMOND.

Non, ne l'eſpere pas, les maux que tu m'as faits,
Dans mon eſprit ſont gravés pour jamais.

LE ROY.

Ah! ces retours affreux & l'horreur qu'ils t'inſpirent,
Me font trop voir que les Aſtres ſont vrais
Dans le malheur qu'ils me prédirent
Il eſt écrit ſur ton front irrité;
Et j'y lis d'un Tiran toute la dureté.

SIGISMOND.

Pere cruel! dont la bouche m'outrage,
Si je ſuis un Tiran, n'en accuſes que toi;
Par ton ordre, élevé comme un monſtre ſauvage,
Je ne fais que répondre aux ſoins qu'on eut de moi.
J'imite ton exemple, & je ſuis ton ouvrage;
D'autant plus excuſable en mon emportement,

Que la raiſon l'approuve, & que ma tirannie
Par un juſte retour & par un mouvement
Que la nature juſtifie,
N'aſpire qu'à punir les tirans de ma vie ;
Mais toi, pere coupable & Bourreau de ton fils,
Tu t'es montré cruel contre toute juſtice,
Contre les droits humains & les Loix du Pays,
Pour m'enterrer vivant dans un noir précipice.
Quel forfait en naiſſant avois-je donc commis?
C'eſt peu de me cacher à ma Patrie entiere,
Tu m'as tout refuſé juſques à la lumiere:
Pour la premiere fois aujourd'hui j'en jouis.
Dans les tranſports de ſa colere
Contre moi, que pourroit imaginer de pis
Le plus mortel de tous mes ennemis?
Parens dénaturés, à vos ordres biſarres,
Quoi! nos jours innocens ſeront-ils aſſervis?
Serez-vous envers nous impunément barbares?
Et les reſſentimens nous ſont-ils interdits?
Non, non, c'eſt une erreur dont vous êtes ſéduits.
Par une ſage prévoyance
Les équitables Dieux ont borné vos pouvoirs.
Ainſi que nous, vous avez vos devoirs.
Et ſi nous vous devons avec l'obéiſſance
Des marques de reſpect & de reconnoiſſance,
Vous nous devez des ſoins à votre tour,

Conformes à nôtre naiſſance,
Et des preuves de votre amour.

LE ROY.

Si j'ai condamné ton enfance
C'eſt malgré moi que je l'ai fait,
Et j'ai voulu te ſouſtraire au forfait
Où devoit t'entraîner la maligne influence
De l'Aſtre qui te dominoit.

SIGISMOND.

Mais toi-même, ſans crime, as tu pû l'entreprendre ?
Etoit-ce à toi de lire dans les Cieux ?
Et de vouloir forcer l'ordre des Dieux
Par d'injuſtes moyens qu'ils t'avoient ſçu défendre ?
N'étoit-ce pas à toi de les laiſſer agir !
Et ne devois-tu pas attendre
Que je fuſſe coupable, avant de me punir.

LE ROY.

C'eſt un crime que je répare.
Les biens dont aujourd'hui te comble ma bonté
Doivent éteindre un ſouvenir barbare.
Imites ma douceur & non ma cruauté :
Du courroux qui t'aigrit, quelque ſoit le murmure,
Souviens-toi qu'il eſt beau d'oublier une injure.

SIGISMOND.

SIGISMOND.

Il eſt plus doux de s'en venger,
Et puiſque de mes fers je me vois dégager,
Puiſqu'enfin mes deſtins éclaircis par toi-même,
Me rendent l'heritier de ton pouvoir ſuprême;
Pour punir mes tirans, je ſçaurai m'en ſervir.
Leur crime fait trembler par ſa noirceur extrême,
Ma vengeance fera fremir.

LE ROY.

Fils inhumain, c'eſt trop te méconnoître.
Tu crois déja regner, & me parles en Maître.
Rentre en toi-même, & ſors de ton erreur;
Loin de t'enorgeüillir d'une vaine grandeur
Que tu ne dois qu'à ma tendreſſe,
Regarde-la plûtôt comme un ſonge trompeur,
Qui te ſéduit par ſon yvreſſe.
Repens-toi d'écouter ta fureur vengereſſe.
Crains de dormir encore dans tes tranſports divers,
Et tremble à ton réveil de te voir dans les fers,
Et dans ta premiere baſſeſſe.

(il ſort.)

SCENE VI.

SIGISMOND *seul.*

SEroit-il vrai, Grands Dieux, que mon destin
brillant
Fût d'un songe imposteur, l'ouvrage fantastique?
Verrai-je, malheureux! ma grandeur chimérique,
S'évanoüir en m'éveillant?
Rentrerai-je en mes fers?.... Non, je ne puis le
croire.
Chaque objet qui me frappe, & chaque évene-
ment,
Pour n'être qu'un vain songe, au fond de ma mé-
moire
Se grave trop profondément.
Chassons de mon esprit une terreur si noire
Quand de la vérité ma raison me répond;
Et pour douter un instant de ma gloire,
Je sens trop que je suis le Prince Sigismond,
Je le sens encore mieux aux mouvemens de rage
Dont mon pere a rempli mes esprits furieux.
Tout ce qui s'offre à moi me paroît odieux.

SCENE VII.

SIGISMOND, ARLEQUIN.

ARLEQUIN.

Nous allons voir un beau tapage :
Mais il eſt en fureur, & je ſuis ſeul ici.
Je tremble.

SIGISMOND.

Qui donc es-tu ? di.

ARLEQUIN *à part.*

Ah ! je lui dirois bien qu'Arlequin eſt ſon frere,
Mais il a, le brutal, trop mal reçu ſon Pere.

SIGISMOND.

Réponds-moi donc. Quelle eſt ta qualité ?

ARLEQUIN *à part.*

Quel air rebarbatif? J'en ſuis épouvanté.
(*haut.*) (*bas.*)
Seigneur, je ſuis.... Je crains qu'il ne m'aſſomme.

SIGISMOND.

Veux-tu parler ?

ARLEQUIN.

Je ſuis.... je ſuis un Gentilhomme,

SIGISMOND.

Eſt-ce de la Cour du Roy ?

ARLEQUIN.

Non.

Un Gentilhomme, là.... de converſation.

SIGISMOND.

De converſation ! Par-là, que veux-tu dire ?

ARLEQUIN.

Je veux dire autrement, Gentil-homme Bouſon ;
Ou Gentilhomme qui fait rire.

SIGISMOND.

Fais-moi rire.

ARLEQUIN.

Ah ! voilà pour m'interdire.

SIGISMOND.

Veux-tu me faire rire ?

ARLEQUIN *à part.*

Il me le dit d'un ton
A me faire trembler. La terreur qu'il m'inſpire
Me donne déja le friſſon.

SIGISMOND.

Quand me feras-tu rire, hem ?

ARLEQUIN.

Tout à l'heure, Sire.

(à part.)

D'y réuſſir je ne puis me flatter.
Son viſage me deſeſpere,

SIGISMOND.

Fais-moi rire au plus vîte, ou je te fais sauter
Du haut de ce Balcon.

ARLEQUIN *à part.*

Il est homme à le faire.
C'est ainsi qu'à la Cour on se voit balotté.
J'étois tantôt jetteur, & vais être jetté.

SIGISMOND.

Puisque je ne ris point, ton audace punie....

ARLEQUIN.

(*à part.*)

Sire, un moment. Quel est mon sort infortuné!
Riez-vous aisément, dites-moi, je vous prie?

SIGISMOND.

Non, je n'ai jamais ri depuis que je suis né.

ARLEQUIN.

Ah! gare le Balcon! c'est fait de notre vie.
Malheureux Arlequin, tu vas faire le saut.
Voyons un peu s'il est bien haut.
Sa hauteur m'épouvante, & d'horreur j'en frissonne.
Avant d'exposer ma personne,
Je vois qu'il est de mon honneur,
De faire rire Monseigneur.
De bien réjouir son Altesse,
A présent je suis en humeur.

(*après plusieurs lazzis.*)

Je ne vous fais pas rire, & cette gentillesse....

SIGISMOND.

Non, tu me fais plûtôt dépit.

ARLEQUIN.

Cette mine, avouez qu'elle vous divertit,

SIGISMOND.

Elle me révolte au-contraire.

ARLEQUIN *à part.*

Il me fera perdre l'esprit.

(*à Sigismond.*)

Et ce lazzi que vous me voyez faire,

Ne le trouvez vous pas charmant?

SIGISMOND.

Il me paroît impertinent.

ARLEQUIN.

Cet entrechat a-t'il l'art de vous plaire?

SIGISMOND.

Il a celui de me mettre en colere.

ARLEQUIN *à part.*

Je suis à bout de mon rôle à présent.

Que deviendrai-je, miserable?

(*haut.*)

Prince, êtes vous chatouilleux?

(*Il le chatoüille.*)

SIGISMOND.

Insolent.

Tu vas ſervir d'exemple à tout mauvais plaiſant.

ARLEQUIN *ſe jettant à ſes pieds.*

Ayez pitié d'un miſérable !
J'ai crû vous faire rire & je ſuis pardonnable.

SIGISMOND.

Il n'eſt qu'un ſeul moyen de te ſauver le jour.
C'eſt de m'apprendre ſans détour
Deux choſes que je veux connoître.
Premierement, dis-moi, dans cette Cour
Si je ſuis en effet le maître ?

ARLEQUIN.

N'en doutez pas, Seigneur, puiſqu'il dépend de vous
De me jetter par la fenêtre.
Votre bras vous répond des hommages de tous.

SIGISMOND.

Ce n'eſt pas tout, il faut m'inſtruire
De tous les Grands de cet Empire,
Qui ſont du ſang Royal ſortis.
Je veux tous les connoître, afin de les détruire ;
Deſcendus de Baſile, ils ſont mes ennemis.

ARLEQUIN *tirant un Almanach de ſa poche.*

Cet Almanach va vous le dire.
Tenez, Sire, (on vous a ſans doute appris à lire.)
Vous verrez là-dedans tous les noms des Proſcrits.

SIGISMOND.

Lis toi-même.

ARLEQUIN.

Seigneur ...

SIGISMOND.

Lis donc sans plus remettre.

ARLEQUIN.

Lisons, quand je devrois épeller chaque lettre.

(il lit.)

Féderic âgé de trente ans,
Neveu du Roi, Grand Duc de Moscovie.

(il s'interrempt.)

Sur le Trône ce Duc comptoit depuis long-tems;
Mais il comptoit sans l'hôte.

(il continuë à lire.)

Sophronie,
Dans sa vingtiéme année, & Niéce aussi du Roi,

(il parle.)

Seigneur, vous avez-là, ma foi,
Une Cousine fort jolie.
C'est dommage, s'il faut qu'elle perde la vie.
Je l'apperçois qui vient, jugez-en par vos yeux.

SIGISMOND.

Que de beautés! voilà le chef-d'œuvre des Dieux.
J'oublie en la voyant qu'elle est mon ennemie.
Mes sens sont enchantés.

SCENE VIII.

SIGISMOND, SOPHRONIE.

SOPHRONIE.

Seigneur, vous voulez bien
Que je vous rende ici mon hommage sincere.

SIGISMOND.

Ah! recevez plûtôt le mien,
Princesse : A mes regards cette Cour n'offre rien
Que n'efface d'abord votre vive lumiere.
Quel changement en moi votre aspect vient de faire!
Je ne suis plus le même. A cet aimable aspect
Je me sens entraîner par un desir rapide,
Et retenir par le respect.
Vous enflâmez mon cœur, & le rendez timide.
De vos yeux l'éclat est si doux,
Que je n'admire plus l'Astre qui nous éclaire;
Leur charme est si puissant, qu'il suspend mon courroux.
S'il me souvient encor des cruautés d'un pere,
C'est pour m'avoir privé si long-tems du bonheur

De voir tant de beautés, que mon ame préfere
A tout ce que le Sceptre offre de séducteur.
C'est pour m'avoir caché jusqu'ici mon vainqueur,
Et ne m'avoir pas fait plus digne de lui plaire.

SOPHRONIE.

Seigneur, un tel accueil a lieu de m'étonner.
J'ai cru ne voir en vous qu'un ennemi terrible,
Que contre tous les siens doivent trop indigner
Vingt ans d'une prison horrible.

SIGISMOND.

Après vous avoir vûë, ah! peut-on vous haïr?
Des injustes tourmens que l'on m'a fait souffrir,
Vous n'êtes point d'ailleurs coupable;
Et quand vous en seriez l'auteur,
Le Ciel vous forma trop aimable
Pour ne pas triompher de toute ma fureur.
Il n'est rien que vos yeux ne rendent excusable.

SOPHRONIE.

Vous redoublez ma surprise, Seigneur.
Quoi! vous me connoissez, vous me parlez à peine,
Et vous me faites voir les feux les plus ardens.

SIGISMOND.

Je ne sçai, mais enfin voilà ce que je sens;
Tel est l'effet subit de l'amour qui m'entraîne.
Du cœur de votre Prince il vous rend souveraine,
De la Pologne en même tems,

Charmante Sophronie, il vous déclare Reine.
Le Trône est votre rang; vous l'avez mérité,
Et par droit de naissance, & par droit de beauté.
Vous ne répondez point. Que faut-il que je pense,
Et de votre embarras, & de votre silence?
Haïriez-vous le Trône avec moi partagé?
S'il étoit vrai, quel coup pour mon cœur qui vous aime!
Les maux, où dans ma Tour je me suis vû plongé,
Seroient doux, comparés à ce malheur extrême.

SOPHRONIE.

Je vois dans vos transports regner tant de candeur,
Que je dois les payer d'une entiere franchise.
Et comme la vertu préside à votre ardeur,
Elle m'engage & m'autorise
A vous dévoiler tout mon cœur.
Apprenez que j'en suis souveraine maîtresse,
Et que toujours il brava la tendresse.
Des courtisans flateurs le langage affecté,
Leurs vices travestis avec habileté,
Sous les dehors trompeurs d'une humble politesse,
Et leurs hommages faux l'ont toujours revolté.
Leur ardeur peu sincere & sans délicatesse,
Leur penchant invincible à l'infidélité,
L'ont garanti de sa foiblesse.
Il s'est armé contr'eux d'une juste fierté.

En s'éloignant du sein de la nature aimable,
Ils ont rendu l'amour à mes yeux méprisable.
Vous seul, Seigneur, me l'avez présenté
Sous une forme redoutable,
Tel que je le craindrois pour ma tranquillité.
Vous me l'avez fait voir plein d'ingénuité,
Accompagné d'un trouble véritable,
Et mêlé de respect & de timidité.
Si sa voix à mon cœur pouvoit se faire entendre,
C'est en votre faveur qu'elle lui parleroit.
Et si ce cœur pouvoit se rendre,
C'est à vos feux qu'il se rendroit.

SIGISMOND.

Si mon amour vous plaît, pourquoi vous en défendre?
Et pourquoi ne pas accepter
Le Scéptre, où vous devez prétendre,
Et qu'orneront vos mains en daignant le porter?

SOPHRONIE.

Du bien que vous m'offrez je suis reconnoissante.
C'est tout ce que pour vous je puis faire éclater.
Plus je suis près du rang qu'on me présente,
Et moins je suis maîtresse d'y monter.

SIGISMOND.

Eh, de qui donc êtes-vous dépendante,
Vous, faite pour régner, & pour donner la loi?

SOPHRONIE.

De votre Pere, de mon Roi.

SIGISMOND.

Quoi! Sur vous le barbare étend ſa tirannie?

SOPHRONIE.

C'eſt un droit naturel qu'il a ſur Sophronie.
Il a ſeul le pouvoir de diſpoſer de moi;
A vos vœux ſon choix eſt contraire.

SIGISMOND.

Ah! je cours trouver l'inhumain,
Et ma rage....

SOPHRONIE.

Arrêtez. Quel eſt votre deſſein?
Eſt-ce par la fureur que vous croyez me plaire?
A ce tranſport mettez plûtôt un frein.
Contre un pere, Seigneur, & contre un Souverain
Jamais elle n'eſt légitime...
Baſile eſt ſeul maître de mon deſtin,
On ne peut à ſes loix me ſouſtraire ſans crime.
Par d'autres ſentimens méritez mon eſtime;
Et gravez bien dans votre ſouvenir
Que la vertu la peut ſeule obtenir.
Adieu.

SCENE IX.

SIGISMOND, ARLEQUIN.

SIGISMOND.

PRinceſſe, eh bien, j'étoufferai ma haine;
Mais d'un ſi noble effort vous ſerez donc le prix.
Avec vous je ſuivrai la clémence ſans peine;
Je ſerai généreux envers mes ennemis.
Mais ſans vous il n'eſt point de frein qui me retienne.
A mon reſſentiment tout deviendra permis.
Il faut que tout périſſe, ou que je vous obtienne.

ARLEQUIN.

Eh bien, Seigneur, peut-on ſçavoir de vous
Comment vous trouvez la Princeſſe ?

SIGISMOND.

Charmante, & digne enfin de toute ma tendreſſe.
Sa beauté dans mon ſein allume tant de feux,
Que pour m'en voir le poſſeſſeur heureux,
Je ſuis prêt d'oublier tout ce qu'a fait mon pere.
Elle a, dans un inſtant, changé mon caractére.
Le ſeul ſon de ſa voix a dompté ma fureur,
La douceur de ſes yeux a paſſé dans mon cœur;

Elle vient de verser dans mon ame charmée,
Le desir de la gloire, & l'oubli de mes maux:
Pour la seule vertu je la sens enflammée,
Et d'un tiran en moi l'Amour fait un Héros.

ARLEQUIN.

Seigneur, ma joye en est extrême;
Mais je crains fort pour votre amour,
Que Monsieur Federic qui l'aime,
Ne vous la souffle dans ce jour.

SIGISMOND.

Dieux! Federic brûle pour elle!
Il aspire à sa main! mais parle, est-il aimé?

ARLEQUIN.

Non, elle a pour ce Prince une haine mortelle.
Mais vous n'en devez pas être moins allarmé,
Car le bruit court que le Roi la lui donne
Pour le consoler, entre nous,
De la perte de la Couronne.
On dit que dans trois jours il sera son Epoux.

SIGISMOND.

Le perfide plûtôt pétira sous mes coups.

ARLEQUIN.

Vous pouvez lui parler; car je le vois paroître.

SIGISMOND.

A son aspect je ne suis plus le maître
De mes ressentimens jaloux.

SCENE X.

SIGISMOND, FEDERIC, ARLEQUIN.

FEDERIC.

PRince, dont le noble courage...

SIGISMOND.

Epargnez-vous un vain hommage,
Qui gêne votre cœur, & révolte le mien.

FEDERIC.

Seigneur, vous offensez le Duc de Moscovie.
L'hommage qu'il vous rend ne le contraint en rien,
Puisqu'il vient vous prier d'approuver le lien
Qui doit l'unir à Sophronie.

SIGISMOND.

Ah! téméraire, oses-tu bien
Me parler d'approuver un lien qui m'outrage?
Renonces-y toi-même, ou mon juste courroux..

FEDERIC.

Je demeure surpris d'un acceuil si sauvage!

SIGISMOND.

Apprends qu'à cet objet si doux,
Ma main destine un autre Epoux.

FEDERIC.

FEDERIC.

Qui peut me disputer la Princesse que j'aime ?

SIGISMOND.

Un rival indigné de ton audace extrême,
Seul digne d'obtenir sa foi,
Puisqu'il est au-dessus de toi,
Et puisqu'enfin c'est Sigismond lui-même.

FEDERIC.

Seigneur, à votre rang je sçai ce que je doi;
Mais j'ai le suffrage du Roi,
Et vous-même y devez souscrire.

SCENE XI.

LES ACTEURS PRECEDENS, LE ROY.

LE ROY *à Sigismond.*

OUy, Prince, son hymen est approuvé par moi,
Songez que mon suffrage est pour vous une loi.
Ces noeuds sont importans au repos de l'Empire.

SIGISMOND.

Est-ce aux dépens du mien qu'on prétend l'acheter ?
Pour la Princesse je soupire ;
Avant de la céder, il faudra que j'expire :

Mon amour seul doit se faire écouter.

LE ROY.

Un Roi n'écoute point l'amour ni son caprice;
Il n'entend, il ne suit que la seule justice,
Et c'est à vous de m'imiter.
Apprenez à regner par cet effort suprême,
Et pour mieux affermir la paix,
Commencez par mettre vous-même,
Vos injustes desirs au rang de vos sujets.

SIGISMOND.

Mes desirs sont trop purs pour que je les immole.
Que dis je? La Princesse abhorre mon rival,
Et son cœur est contraire à cet hymen fatal:
Vous-même, retirez une injuste parole.

LE ROY.

Qu'osez-vous proposer? La parole des Rois,
Comme celle des Dieux, doit être inviolable:
J'ai prononcé pour lui, souscrivez à ce choix;
C'est un arrêt irrevocable.

SIGISMOND.

Ah! tiran; ç'en est trop, cet arrêt inhumain
Vient de rallumer dans mon sein,
Les feux de mon courroux avec plus de furie:
Les respects, les égards que j'ai pour Sophronie,
Et l'espoir d'obtenir sa main,
Pouvoient seuls retenir la haine qui m'enflame;

Ce trésor accordé, pouvoit seul de mon ame,
Effacer aujourd'hui tant d'outrages reçûs.
Ton impitoyable refus,
Et l'odieuse préference
Que vient de donner ta puissance
Au plus grand de mes ennemis,
Du joug de la nature affranchissent ton fils ;
Et ce nouvel affront qui grossit les tempêtes,
Qui vont tomber sur vos deux têtes,
Surpasse & comble enfin tous ceux que tu m'as faits.
Plus d'accord entre nous, plus de paix desormais,
Je ne suis plus ton fils, Pere indigne de l'être,
Que pour m'armer de mes droits contre toi.
Crain, dans ton propre Etat, de n'être plus le maître.
Instruit de mes destins, tout le peuple est pour moi ;
Tremble, frémis de te voir sous ma loi,
Ma bouche te declare une immortelle guerre :
Et j'atteste le Dieu du Ciel & de la Terre,
Que je ne verrai point reparoître le jour,
Que mon bras armé du tonnerre,
De mes tirans affreux n'ait purgé cette Cour.

SCENE XII.

LE ROY, FEDERIC.

LE ROY.

VA, je t'empêcherai, barbare,
D'executer les criminels projets,
Où ton emportement t'égare ;
Ma prudence ſçaura t'épargner des forfaits.
Le moïen dont, ſans fruit, s'eſt ſervi ma tendreſſe
Pour rendre un fils à mes Etats,
Je prétens l'employer pour enchaîner ſon bras,
Et garantir mes jours du péril qui les preſſe.

SCENE XIII.

Les Acteurs précedens, SOPHRONIE.

SOPHRONIE.

JE viens vous implorer, Seigneur, pour votre fils,
Pardonnez un tranſport, dont mes yeux ſont la cauſe,
Et ſongez que ma main ne peut être le prix....

LE ROY.

C'eſt pour vous couronner qu'aujourd'hui j'en
diſpoſe ;
Sur mon Trône tous deux vous allez être aſſis.

SOPHRONIE.

Votre fils doit lui ſeul....

LE ROY.

Non, ce fils trop fidele
A me juſtifier par ſon humeur cruelle,
Ce qu'ont prédit de lui les Aſtres ennemis,
Vient d'épuiſer l'amitié paternelle ;
La priſon qui fut ſon berceau,
Va devenir ſa demeure éternelle,
Et ſera ſon tombeau.
On ſçaura dans la Tour le convaincre, ſans peine,
Que tout l'éclat de la grandeur humaine,
Qui dans ce moment l'éblouït,
Diſparoît comme une ombre aux yeux qu'elle ſé-
duit ;
Et n'eſt rien qu'une vapeur vaine
Que le ſommeil enfante, & le réveil détruit.

(Il ſort avec Federic.)

SCENE XIV.

SOPHRONIE *seule*.

AH ! plûtôt que ta barbarie
Prive ton fils du pouvoir souverain,
Et qu'un himen funeste à Federic me lie,
Il faudra, Roi cruel, que tu perces mon sein,
Ou qu'avec Sigismond tu me rendes captive.
En faveur de ce fils dont je fais le malheur,
Et pour qui je ressens la pitié la plus vive,
Il n'est rien qu'en ta Cour ne tente ma douleur.
Quand je songe, grands Dieux! que ce Prince qui m'aime,
Va rentrer dans la nuit de son affreuse Tour,
Je ne suis plus maîtresse de moi-même,
Et la part que je prens à sa disgrace extrême,
Me fait sentir que je l'aime à mon tour.
Ma fierté s'en émeut : mais ce feu qui l'étonne
N'a rien qui blesse la vertu ;
Et dans l'affreux peril dont mon ame frissonne,
Il est trop allarmé pour être combattu :
A son ardeur je m'abandonne.
J'armerai tout l'Etat contre un Pere inhumain.

Cher Prince, il eſt juſte, qu'enfin,
Mon bras t'aſſure une Couronne
Qu'a voulu me donner ta généreuſe main;
Et que l'Amour repare, en cette conjoncture,
Les outrages ſanglans que te fait la Nature.

Fin du ſecond Acte.

ACTE III.

Le Théatre représente la Tour, à la porte de laquelle le Prince Sigismond paroît endormi, & chargé de sa premiere chaîne.

SCENE PREMIERE.

SIGISMOND, CLOTALDE, ARLEQUIN, GARDES.

ARLEQUIN.

Non, là-dessus je ne sçaurois me taire;
Basile est un bon Roi,
D'accord: Mais il est mauvais Pere.
On ne traita jamais un fils de la maniere.

(*à Clotalde.*)

Vous avez tort d'avoir pris cet emploi.
Il faut pour l'exercer avoir un cœur de pierre:
Vous êtes un barbare; & jamais sur la terre...

CLOTALDE.

Pour réprimer ses discours impudens,

Qu'au plus haut de la Tour on l'enferme au plus
vîte.

ARLEQUIN.

Tu me fais enfermer ſans que je le mérite.
Mais ce qui me conſole, en logeant là-dedans,
C'eſt que j'aurai pour moi tous les honnêtes gens.
La priſon qu'Arlequin partage avec ſon Prince,
Sçaura lui faire honneur dans toute la Province.

(On enferme Arlequin.)

SCENE II.

CLOTALDE, SIGISMOND *endormi.*

SIGISMOND *endormi.*

MEure, meure Clotalde, & tous mes ennemis!
Tombe le Roi Baſile au pouvoir de ſon fils!

CLOTALDE.

Juſqu'au ſein du repos ſa fureur le tourmente.
Rien ne peut l'arracher de ſon noir ſouvenir.
Que ſon affreux réveil ſçaura bien l'en punir!
Pour ſes regards ſurpris qu'elle image effrayante!
Son ſommeil ſe diſſipe, & je frémis pour lui.

SIGISMOND *en s'éveillant.*

Que vois-je, malheureux! & quelle horreur efface

Tout mon bonheur évanoüi?
Du Sceptre que j'ai crû posseder aujourd'hui,
Mes premiers fers ont pris la place!
Du Trône je retombe au fond de ma prison!
O! réveil accablant qui confond ma raison!
Le Ciel m'a-t'il trompé par un songe agréable,
Pour rendre mon destin encore plus déplorable,
Par la douleur de la comparaison?

CLOTALDE.

Dans un profond sommeil quel charme inconcevable,
A retenu si long-tems vos esprits?
Et quel songe funeste animoit votre rage?
Vous respiriez tout haut le sang & le carnage.

SIGISMOND.

Je ne sçai que répondre à ce que tu me dis,
Le trouble de mes sens est si grand, que j'ignore
Si je veille en effet, ou si je dors encore.

CLOTALDE.

N'en doutez point, Sigismond, vous veillez,
Puisque c'est moi qui vous l'assure,
Que je suis devant vous, & que vous me parlez.

SIGISMOND.

Je ne suis point sorti de cette grotte obscure?
Ah! toute ma grandeur n'est donc qu'un songe vain?

Ma prison seule est vraye, & mon malheur certain.
Mais non, ce que j'ai vû, m'a paru si sensible,
Et si fort éloigné de toute fausseté,
Que tout ce qui me frappe en ce moment terrible,
Ne paroît pas avoir plus de réalité.
Que dis je? un feu nouveau qui circule en mes veines,
Qui charme en même tems & redouble mes peines,
De mon bonheur détruit, prouve la vérité.
J'en ai pour sûr garant l'image qui me reste
De la Beauté qui m'a charmé.
J'en ai pour signe manifeste
L'amour que dans mon sein ses yeux ont allumé.
Je le sens, cet amour, dont je brûle pour elle;
Et pour la démentir, ma flâme est trop réelle.

CLOTALDE.

Quel songe a sur vos sens fait tant d'impression,
Qu'il ait jusqu'à ce point troublé votre raison?

SIGISMOND.

Ecoutes, puisqu'il faut t'en faire confidence,
Non ce que mon esprit a vû confusément,
Dans un rêve sans suite, & plein d'extravagance;
Mais ce qui m'a frappé les yeux sensiblement,
Qui m'est present encor comme un évenement

Rempli de certitude, où regne l'évidence,
Et dont j'ai retenu la moindre circonſtance :
A la Cour de Pologne, en un Palais brillant,
(O! ſouvenir amer d'une gloire trompeuſe!)
J'ai crû me voir en m'éveillant :
J'étois alors vêtu ſuperbement,
Environné d'une foule nombreuſe,
Qui me ſervoit avec empreſſement.
Je me ſouviens, qu'au fort de mon étonnement;
Je t'ai vû le premier me rendre ton hommage;
Et fléchiſſant le génou devant moi,
Me déclarer que j'étois fils du Roi,
Et que ſon Trône étoit mon heritage.

CLOTALDE.

Sans doute vous avez, dans ces momens heureux,
Reçû votre Sujet en Prince généreux ?

SIGISMOND.

A ton diſcours m'armant d'un front ſévere,
Clotalde, j'ai voulu te punir, au contraire,
D'avoir ſuivi du Roi les ordres rigoureux,
Et de m'avoir caché ce funeſte miſtere.
Tu n'as pû qu'en fuyant te ſouſtraire à mes coups,
Et mon Pere s'eſt vû l'objet de mon courroux.
Mais ce qui s'eſt gravé dans le fond de mon ame,
Avec des traits de flâme
Que rien ne ſçauroit effacer,

Une Auguste Princesse à mes yeux s'est montrée;
Sa beauté la rendoit digne d'être adorée.
Ah! sans douleur je ne puis y penser.
J'ai déclaré mon feu sincere,
Elle a paru ne pas s'en offenser.
J'esperois par mes soins parvenir à lui plaire,
Quand un Prince odieux, protegé par mon Pere,
Dans mon bonheur m'est venu traverser.
Ce coup a réveillé le feu de ma colere :
Et j'ai juré dans mon transport,
Qu'avant que le Soleil redonnât la lumiere,
Au sein de mes Tirans je porterois la mort.

CLOTALDE.

De l'Auteur de votre naissance,
Eh quoi! les jours par vous ne sont pas respectés?
Et sur moi qui pris soin d'élever votre enfance,
Vous étendez vos cruautés?
Ah! Sigismond, à cet excès barbare
Pouvez-vous vous porter, même dans le repos?
En goutant ses douceurs, notre cœur se déclare;
De l'ame d'un Tiran un noir songe s'empare;
Il voit toujours du sang dont il verse des flots.
Mais la vertu dont votre esprit s'égare,
Jusques dans le sommeil accompagne un Héros.
N'accusez plus les Dieux si vous êtes en bute
A tous les traits de leur courroux.

Avec juste raison leur bras vous persécute.
Les sentimens cruels qu'on voit paroître en vous,
N'ont que trop à mes yeux justifié leurs coups.
Ce songe dont votre ame est encor si remplie,
Eh! pour vous éprouver, qui sçait s'il n'est point
fait?
Qui sçait, si dans ce jour, leur sagesse infinie
N'en seroit pas l'auteur secret?
Pour vous je tremble dans ce doute.
Je sçai qu'aux Immortels votre fureur déplaît;
Je crains que leur rigueur n'ajoûte
A votre châtiment, tout horrible qu'il est.
Sigismond, voulez-vous épuiser leur vengeance?
Ou, croyez-vous que par la cruauté
Vous mériterez leur clémence?
Ah! dépoüillez plûtôt votre ferocité,
Et votre orgüeil qui les offense.
Portez vous au bien constamment,
Et songez que leurs mains versent leur récompense,
Jusques sur la Vertu qu'on exerce en dormant.

SIGISMOND.

Sigismond, de ton cœur dépoüille l'arrogance.
Réprime tes noires fureurs.
Que le bien soit ton exercice unique,
Et sçaches que les Dieux répandent leurs faveurs,

Jusques sur la Vertu qu'en songe l'on pratique,
CLOTALDE.
Oüi, c'est le seul moyen d'attirer leur bonté.
SIGISMOND.
Il faut donc vaincre ma fierté.
Par ta voix comme un trait de flâme
La Vérité, Clotalde, a pénétré mon ame;
Je ne ferai plus rien, même dans le sommeil,
Dont je puisse jamais rougir à mon réveil.
Mais tout l'éclat de ces richesses
Dont j'ai crû joüir cette nuit?
CLOTALDE.
Est un ardent qui trompe, & qui s'évanoüit.
SIGISMOND.
Et ces grandeurs enchanteresses
Dont les attraits m'avoient séduit?
CLOTALDE.
Leur joüissance est un éclair qui fuit.
SIGISMOND.
Et la faveur avec la Renommée?
CLOTALDE.
Un vent qui change, une vaine fumée.
SIGISMOND.
Et l'Esperance?
CLOTALDE.
Un appas séducteur.

SIGISMOND.

Et la vie ?

CLOTALDE.

Et la vie eſt un ſonge trompeur.
La Vertu ſeule eſt conſtante & réelle.
Le vrai bonheur eſt dans le bien ;
Tout le reſte eſt compté pour rien.

SIGISMOND.

Ce diſcours me remplit d'une clarté nouvelle.
J'en ſens toute la force & la ſublimité ;
Mon eſprit qui n'eſt plus ſéduit par l'apparence,
Des humaines grandeurs connoît la vanité.
Pour elles, il n'a plus que de l'indifference,
L'amour, le ſeul amour dont il eſt agité,
Lui fait ſentir ſa véhémence,
Il entraîne ma volonté.
Et quoique d'un vain ſonge il tienne la naiſſance,
J'éprouve que ſa flâme eſt une vérité.

CLOTALDE.

Sortez d'erreur, ces feux remplis de violence,
A vos ſens abuſés doivent tout leur pouvoir ;
Ils n'offrent à vos yeux qu'un objet chimerique ;
Comme tous ces honneurs, cette Cour magnifique
Et tous ces vains tréſors que vous avez crû voir ;
Et pour en triompher, vous n'avez qu'à vouloir.

SIGISMOND.

SIGISMOND.

Pour l'éteindre jamais ma flâme m'est trop chere,
Ma raison, qui me fait sentir la fausseté
De ma grandeur imaginaire,
Peut adoucir ma cruauté,
Réduire mon orgueil, enchaîner ma colere;
Mais elle ne sçauroit étouffer mon ardeur;
Je sens qu'elle est plûtôt du parti de mon coeur.
Pour ne pas l'approuver cette ardeur est trop belle,
La Vertu l'accompagne, elle est pure comme elle,
Quoiqu'elle augmente ma douleur,
Que j'aime sans sçavoir si mon vainqueur existe;
Que tout m'ôte l'espoir de m'en voir possesseur;
A l'adorer toujours ma volonté persiste:
Je veux borner là mon bonheur.
J'entretiendrai du moins son image chérie.
Ses charmes, de mes fers adouciront l'horreur,
Et l'on m'arrachera la vie,
Plûtôt que de m'ôter une si douce erreur.

(*Il rentre dans la Tour, qui se referme.*)

SCENE III.

CLOTALDE *seul.*

D'Un si parfait amour mon ame est attendrie.
Mais qui peut pénétrer dans cet antre profond?
C'est Ulric! La terreur est peinte sur son front.

SCENE IV.

CLOTALDE, ULRIC.

ULRIC.

Clotalde, le Roi qui m'envoye
Est en danger de perdre & le Trône & le jour.
Aux troubles les plus grands la Pologne est en proye.
Les peuples révoltés ont entraîné la Cour,
Et pour son fils hautement se déclarent.
Tous veulent l'arracher du sein de cette Tour,
Et de la guerre, enfin, tous les feux se préparent;
Le nom de Federic est par tout en horreur.

Sophronie, elle-même, abhorrant ſon ardeur,
Aux volontés du Roi refuſe de ſouſcrire,
Reconnoît Sigiſmond pour Maître de l'Empire,
Et du peuple pour lui redouble la chaleur.

CLOTALDE.

Qu'entends-je?

ULRIC.

Elle eſt d'autant plus formidable,
Qu'à la beauté ſuprême elle joint la valeur.
On ſçait que de ſon ſexe aimable
Elle fuit la moleſſe, & méconnoît la peur;
Qu'elle a dans les combats ſignalé ſon grand cœur,
Et qu'autant que ſes yeux ſon bras eſt redoutable.
Le Roi qui connoît trop dans ce temps orageux
Ce que peut ſur les cœurs un Chef ſi dangereux,
Et qui craint la funeſte ſuite
D'une révolte ſi ſubite,
A raſſemblé dans ſon Palais
Ce qui lui reſte encor de fideles ſujets.
Auprès de lui venez comme eux vous rendre,
Et l'aider à réſoudre, en ce péril certain,
Quel parti ſon ame doit prendre,
Pour détourner le cours d'un torrent ſi prochain.
Ses ordres, pendant ſon abſence,
Doivent faire doubler la garde de ces lieux,

Pour la mettre en état d'oppofer fa défenfe
Aux efforts des féditieux.

CLOTALDE.

Ciel ! Protecteur des Rois, arme-toi pour Bafile,
Et rend des Factieux la fureur inutile.
Que je guide vos pas dans ces rochers affreux ;
Evitons cette route, elle eft trop difficile.
Ce fentier eft plus court, & bien moins périlleux.
(Il s'en va avec Ulric.)

SCENE V.

ARLEQUIN *mettant la tête à une fenêtre de la Tour.*

AH ! par cette lucarne exhalons notre rage,
Et tâchons de prendre un peu l'air.
Je pers mon temps à regarder, j'enrage.
Et pour être logé dans un fixiéme étage,
Je n'en vois pas plus clair.
Quoique de nous les Cieux femblent être affez proches,
J'en apperçois à peine un foible échantillon.
Mais quels cris redoublés font retentir ces roches,
Et font faire aux échos un affreux carillon !
Ce font des gens armés ! Qui diantre les amene?

SCENE VI.

ARLEQUIN, RODERIC, SOLDATS.

RODERIC.

Vive, vive Sigiſmond.

ARLEQUIN.

Di;
Que lui veux-tu donc, mon ami?
Et qui te fait crier juſqu'à perte d'haleine?

RODERIC.

Etes-vous le Prince, Seigneur?

ARLEQUIN.

C'eſt ſelon. Apprens moi ce que tu veux lui dire?

RODERIC.

L'illuſtre Sophronie armée en ſa faveur,
De rompre ſa priſon a chargé ma valeur,
Et l'a fait proclamer Souverain de l'Empire.

ARLEQUIN.

En ce cas-là je ſuis le Prince Sigiſmond.
Briſez mes fers, & vangez mon affront.

RODERIC *répete.*

Briſons ſes fers, & vangeons ſon affront.

ARLEQUIN.

Holà hé donc, Messieurs, doucement, prenez
garde,
Vous allez renverser la Tour;
Les murs n'en valent rien, & songez en ce jour
Que c'est votre vrai Roi que ce péril regarde.

RODERIC *après l'avoir mis en liberté.*

Souffrez que vos sujets soumis, humiliés,
Se prosternent tous à vos pieds.
(Ils se prosternent tous aux pieds d'Arlequin.)

ARLEQUIN *à part.*

Profitons de l'erreur, & sous cet habit mince
Jouissons un moment du plaisir d'être Prince;
Je trouve ce métier fort doux.

RODERIC.

Seigneur, le temps est cher, & la gloire vous presse
De joindre au plûtôt la Princesse.
Elle conduit le peuple, & doit vaincre pour vous;
Nous allons sur vos pas nous exposer aux coups.

ARLEQUIN.

Je suis trop prudent pour vous croire;
Allez; quand vous aurez remporté la victoire,
Vous reviendrez me le faire sçavoir....
En attendant je vais ici m'asseoir.

RODERIC.

Grand Roi, vous faites voir une prudence extrême,

Et jamais.... Mais voici la Princeſſe elle-même;
Elle a franchi pour vous l'horreur de ces deſerts.

SCENE VII.

SOPHRONIE, *les Acteurs précédens.*

SOPHRONIE *à Roderic.*

Du Prince Sigiſmond a-t-on briſé les fers?

RODERIC *montrant Arlequin.*

Madame, le voilà prêt à monter au Trône.

SOPHRONIE.

Ce n'eſt pas là le Prince.

RODERIC.

Un tel diſcours m'étonne.

(*à Arlequin.*)

Ce n'eſt donc pas vous?

ARLEQUIN.

Non, mais je ſuis ſon cadet;
Et vous voyez en ma perſonne
Le Prince Sigiſmondinet.
C'eſt là l'appartement où mon frere demeure,
Et je vais y mener Madame tout à l'heure.

SOPHRONIE.

Je frémis à l'aſpect de ce cachot profond!

Soldats, secondez tous le transport qui m'entraîne.

ARLEQUIN.

De briser cette porte épargnez-vous la peine ;
Je vois sortir le Prince Sigismond.

SCENE VIII.

SIGISMOND, *les Acteurs précedens.*

SIGISMOND.

Qui remplit donc ces lieux d'une rumeur soudaine ?

SOPHRONIE.

Ah, Prince ! en quel état vous offrez-vous à moi ?
L'heureuse Sophronie aura du moins la gloire
De briser de sa main les chaînes de son Roi,
Et d'affranchir ses jours d'une prison si noire.

SIGISMOND.

Que vois-je ? Ma Princesse, au fond de ces deserts,
Vient rompre elle-même nos fers ?
Elle s'arme pour moi dans ce jour favorable ?
Qu'un trait si généreux me la rend adorable !
Et qui peut m'acquiter des biens que j'en reçois ?
Dieux trompeurs ! par un rêve aimable
Ne m'abusez-vous pas une seconde fois ?

Mon bonheur eſt trop grand pour être véritable.
Je dors encor ſans doute, & tout ce que je vois
N'eſt rien qu'un phantôme agréable.

ARLEQUIN.

Prince, n'en doutez point, c'eſt un bonheur palpable.

SOPHRONIE.

Ce n'eſt point un ſonge, Seigneur,
Je vous parle en effet, & je ſuis Sophronie,
Qui pour vous couronner veut prodiguer ma vie.
Vous êtes de Baſile unique ſucceſſeur :
En vain ce Roi, frappé d'une aveugle terreur,
Veut tranſporter vos droits au Duc de Moſcovie;
Tout l'Etat avec moi s'arme en votre faveur;
Venez, volez au Trône où je vais vous conduire.

SIGISMOND.

Non, je ſuis détrompé d'une vaine grandeur,
Qui n'a qu'un faux éclat qu'un inſtant peut détruire,
Et j'ai trop fait l'eſſai de ſon faſte impoſteur.
Si quelque illuſion a ſur moi de l'empire,
C'eſt l'amour qui m'enflâme, il eſt l'unique erreur
Dont j'aime encore à me laiſſer ſéduire;
Et votre cœur, Madame, eſt le Trône où j'aſpire,
C'eſt de lui ſeul que dépend mon bonheur.
Ce bonheur ne fut-il que l'ouvrage d'un ſonge,

Pour ne pas m'y livrer il eſt trop enchanteur;
La vérité ne vaut pas ce menſonge:
Et je le trouve ſi flatteur,
Qu'il me ſeroit cent fois plus agréable
De croire poſſeder votre cœur dans les fers,
Sans eſpoir de ſortir de cet antre effroyable,
Que de me voir, ſans lui, maître de l'Univers.

SOPHRONIE.

Votre félicité n'eſt pas un vain phantôme,
S'il eſt vrai que mon cœur vous ſoit ſi précieux;
Et les effets bientôt vont prouver à vos yeux,
Qu'il eſt votre ſujet avec tout ce Royaume.

SIGISMOND.

Quoi, je ſerois aimé! Je me verrois heureux!

SOPHRONIE.

Oüi, Prince, il n'eſt plus temps de taire
Un feu que le peril a contraint d'éclater.
Ce que pour vous mon bras vient de tenter,
Vous dit trop qu'en ce jour vous avez ſçû me plaire.

SIGISMOND.

Grands Dieux! en cet inſtant flatteur,
Si le charmant aveu qui frappe mon oreille
N'eſt que l'effet d'un ſonge ſéducteur,
Faites que Sigiſmond jamais ne ſe réveille!
Mais s'il veille, au contraire, au gré de ſes ſouhaits,

Eloignez de ſes yeux le ſommeil pour jamais.

SOPHRONIE.

Vous veillez, croyez-en ma flâme.
Et, comme ſur l'Etat, vous regnez ſur mon ame,
L'un & l'autre vous offre un Empire réel.
Si tout ce que je dis vous ſemble une chimere,
Si votre eſprit perſiſte en ce doute cruel,
Et n'en croit pas une amante ſincere,
Qui franchit pour vous ſeul la bienſéance auſtere,
Refuſe Federic, & le Trône avec lui,
Qui, pour vous élever à ce Trône aujourd'hui,
S'arme contre ce Prince, & combat votre pere;
Jettez les yeux, Seigneur, ſur tout le peuple armé
Pour votre cauſe légitime.
Voyez-le de ces monts couvrir toute la cime;
Venez, & montrez-vous à ce peuple charmé,
Votre deſtin par lui vous ſera confirmé.
Marchons, il n'attend plus que vos ordres pour vaincre,
Et, mieux que mes diſcours, mon bras va vous convaincre.

SIGISMOND.

C'en eſt trop; Sigiſmond eſt déja convaincu,
Le moyen de ne pas en croire tant de charmes?
A vous ſuivre en tout lieu me voilà réſolu.
Rien n'arrête mes pas; qu'on me donne des armes

Pour vous l'offrir, je cours au Trône qui m'eſt dû.
Combattant avec vous la victoire m'eſt ſûre;
D'avoir tant balancé je rougis maintenant,
D'un regard de vos yeux animé ſeulement,
Mon bras peut triompher de toute la nature;
Et mes cruels tirans vont ſentir dans ce jour
Ce que peut la valeur conduite par l'amour.

SOPHRONIE.

Ah! la Vertu doit guider l'un & l'autre.
Votre pere eſt, Seigneur, parmi vos ennemis.
Même en le combattant, ſoyez toûjours ſon fils.
Ma gloire déſormais eſt unie à la vôtre;
Elle m'engage à vous repréſenter
Qu'un Roi ne doit jamais ſe laiſſer emporter
Aux indignes tranſports d'une aveugle vengeance;
Qu'il doit vaincre, non pas pour la faire éclater,
Mais pour ſignaler ſa clémence.
Un tiran met ſa gloire à tout exterminer;
Mais celle d'un vrai Roi conſiſte à pardonner:
C'eſt lui qu'il faut choiſir pour modéle ſuprême;
Et ſongez, quelque ardeur qui vous puiſſe entraîner,
Que le plus beau triomphe eſt celui de vous même.

SIGISMOND.

Qu'il eſt heureux, & qu'il eſt doux
D'apprendre la Vertu de la bouche qu'on aime!

Qu'elle a pour lors de puiſſance ſur nous !
Guidé, belle Princeſſe, à la gloire par vous,
De mes ſens égarés je ne crains plus l'yvreſſe;
En marchant ſur vos pas je ſuivrai la Sageſſe.

SCENE IX.

Les Acteurs précédens, RODERIC.

RODERIC.

SAns combattre, Seigneur, vous venez d'obtenir
Sur votre pere une victoire pleine.
Abandonné de tous, contraint de fuir,
Il vient d'être arrêté dans la Forêt prochaine :
Avec Clotalde on vous l'amene.

SCENE X.

Les Acteurs précédens, LE ROI, SOLDATS.

LE ROY.

FIls coupable, aſſouvis toute ta cruauté :
Le ſort te livre ta victime.
Acheve d'accomplir ſur ton pere & ton Roi
Ce que les Cieux trop vrais lui prédirent de toi.

SIGISMOND.

Je vais, en dépit d'eux, me montrer magnanime;

Et convaincre mon pere, en un jour si fameux;
Que les Astres malins n'ont sur nous de puissance
Qu'autant que notre cœur est d'accord avec eux:
Que notre volonté régle leur influence;
Et qu'on est à son gré cruel ou généreux.

(Il se jette aux piés du Roi.)

Seigneur, loin de souiller ma gloire,
Et de faire éclater un barbare courroux,
Regardez-moi rougir de ma victoire,
Et suivre désormais des sentimens plus doux:
Voyez-moi réparer le sort qui vous opprime;
Et, forçant mon étoile, attendre à vos genoux
Le juste châtiment que mérite le crime
De s'être, avec l'Etat, révolté contre vous.
Prononcez mon arrêt, l'exemple est nécessaire;
Faites-vous justice aujourd'hui.
Un fils qui s'arme contre un pere,
Quelques durs traitemens qu'il ait souffert de lui,
Doit subir un trépas severe.
Frappez, je receverai le coup sans murmurer,
De votre main encore trop heureux d'expirer.

LE ROY.

Mon fils, un trait si grand & si digne d'estime,
Me fait rougir d'avoir trop cru
Les Astres que dément votre vertu sublime.

Au lieu de châtiment mon Sceptre vous est dû.
Qui sçait se vaincre ainsi, mérite la Couronne.
Après ce changement qui m'enchante & m'étonne,
Régnez sur mes Etats que vous avez conquis
Par la force bien moins que par votre clémence ;
Et que le bien public soit votre récompense.
De l'Empire à vos yeux pour relever le prix,
Possédez avec lui cette aimable Princesse.
Vous rendant tous heureux, mes vœux seront
remplis.
Je ne veux me livrer dans ma douce vieillesse,
Qu'au bonheur d'être pere, & d'avoir un tel fils.

SIGISMOND.

Seigneur, à vos bontés votre fils trop sensible
Ne prend en main les rennes de l'Etat,
Que pour en soutenir tout le fardeau pénible,
Et pour vous en laisser la gloire & tout l'éclat.
Et vous, illustre Sophronie,
Vous, qui m'avez appris à triompher de moi,
Vous, l'auteur généreux du repos de ma vie,
C'est pour vous couronner que je veux être Roi :
Je ne fais que vous rendre un bien que je vous dois
Votre main précieuse est le seul que j'envie.
De Souverain le titre ne m'est doux,
Que pour mieux mériter celui de votre Epoux.

SOPHRONIE.

Mon bonheur eſt parfait, ſi je comble le vôtre.
Je haïrois le Sceptre en le tenant d'un autre.

SIGISMOND *à Clotalde.*

Approche, noble défenſeur
Du Roi mon pere, & de ton Maître.
Le zéle que pour lui ton ame a fait paroître,
Ne peut être payé de toute ma faveur.

LE ROY.

Mon fils, cette conduite auſſi ſage qu'auguſte,
Annonce à vos Sujets le Régne d'un Roi juſte.

SIGISMOND.

C'eſt l'heureux fruit de vos rigueurs ;
Elles m'ont convaincu que toutes les grandeurs
Ne ſont qu'une chimere où le ſommeil nous plonge ;
Qu'excepté la Vertu, tout n'eſt rien que menſonge ;
Que notre prévoyance eſt un tiſſu d'erreurs,
Notre eſpoir un phantôme, & notre vie un ſonge.

FIN.

www.ingramcontent.com/pod-product-compliance
Ingram Content Group UK Ltd.
Pitfield, Milton Keynes, MK11 3LW, UK
UKHW021311190726
13839UKWH00007B/950

9 782329 326948